I0568184

Schlaf gut, kleiner Wolf

Head ööd, väike hundu

Ein Bilderbuch in zwei Sprachen

Ulrich Renz · Barbara Brinkmann

Schlaf gut, kleiner Wolf

Head ööd, väike hundu

Übersetzung:

Liisi Mägi (Estnisch)

Hörbuch und Video:

www.sefa-bilingual.com/bonus

Kostenloser Zugang mit dem Kennwort:

Deutsch: **LWDE1314**

Estnisch: **LWET1429**

Gute Nacht, Tim! Wir suchen morgen weiter.
Jetzt schlaf schön!

Head ööd, Tim! Homme otsime edasi.
Jää nüüd ilusasti magama!

Draußen ist es schon dunkel.

Väljas on juba päris pime.

Was macht Tim denn da?

Aga mida Tim seal veel teeb?

Er geht raus, zum Spielplatz.

Was sucht er da?

Tim läheb õue, mänguväljakule.

Mida ta sealt otsib?

Den kleinen Wolf!

Ohne den kann er nicht schlafen.

Tim otsib oma väikest hundut!

Ilma kaisuhundita ei saa Tim magama jääda.

Wer kommt denn da?

Kes see sealt veel tuleb?

Marie! Die sucht ihren Ball.

Marii! Marii otsib oma palli.

Und was sucht Tobi?

Ja mida Tobias otsib?

Seinen Bagger.

Oma kopaautot.

Und was sucht Nala?

Ja mida otsib Nala?

Ihre Puppe.

Oma nukku.

Müssen die Kinder nicht ins Bett?

Die Katze wundert sich sehr.

Kas lapsed ei peaks ammu juba voodis olema?

Kass vaatab lapsi väga imestunult.

Wer kommt denn jetzt?

Oi, kes need sealt tulevad?

Die Mama und der Papa von Tim!
Ohne ihren Tim können sie nicht schlafen.

Need on Timi vanemad!
Nemad ei saa ilma oma Timita magama jääda.

Und da kommen noch mehr! Der Papa von Marie.

Der Opa von Tobi. Und die Mama von Nala.

Õue koguneb üha rohkem inimesi! Marii isa.

Tobiase vanaisa. Ja veel Nala ema.

Jetzt aber schnell ins Bett!

Nüüd aga kõik kähku magama!

Gute Nacht, Tim!

Morgen müssen wir nicht mehr suchen.

Head ööd, Tim!

Homme ei pea me enam midagi otsima.

Schlaf gut, kleiner Wolf!

Head ööd, väike hundu!

Die Autoren

Ulrich Renz wurde 1960 in Stuttgart (Deutschland) geboren. Er studierte französische Literatur in Paris und Medizin in Lübeck, danach arbeitete er als Leiter eines wissenschaftlichen Verlags. Heute ist Renz freier Autor, neben Sachbüchern schreibt er Kinder- und Jugendbücher.

www.ulrichrenz.de

Barbara Brinkmann wurde 1969 in München geboren und ist im bayerischen Voralpenland aufgewachsen. Sie studierte Architektur in München und ist heute wissenschaftliche Mitarbeiterin an der Fakultät für Architektur der Technischen Universität München. Daneben arbeitet sie als selbständige Grafikerin, Illustratorin und Autorin.

www.bcbrinkmann.de

Malst du gerne?

Hier findest du noch mehr Bilder der Geschichte zum Ausmalen:

www.sefa-bilingual.com/coloring

Viel Spaß!

Ulrich Renz · Marc Robitzky

Die wilden Schwäne
Metsluiged

Nach einem Märchen von

Hans Christian Andersen

+ audio   + video

Deutsch   bilingual   **Estnisch**

Die wilden Schwäne

Nach einem Märchen von
Hans Christian Andersen

▶ Lesealter: ab 4-5 Jahren

„Die wilden Schwäne" von Hans Christian Andersen ist nicht umsonst eines der weltweit meistgelesenen Märchen. In zeitloser Form thematisiert es den Stoff, aus dem unsere menschlichen Dramen sind: Furcht, Tapferkeit, Liebe, Verrat, Trennung und Wiederfinden.

In Ihren Sprachen verfügbar?

▶ Schauen Sie in unserem „Sprachen-Zauberhut" nach:

www.sefa-bilingual.com/languages

Mein allerschönster Traum

▶ Lesealter: ab 2-3 Jahre

Lulu kann nicht einschlafen. Alle ihre Kuscheltiere träumen schon – der Haifisch, der Elefant, die kleine Maus, der Drache, das Känguru, und der Babylöwe. Auch dem Bären fallen schon fast die Augen zu ...

Du Bär, nimmst du mich mit in deinen Traum?

So beginnt für Lulu eine Reise, die sie durch die Träume ihrer Kuscheltiere führt – und am Ende in ihren eigenen allerschönsten Traum.

In Ihren Sprachen verfügbar?

▶ Schauen Sie in unserem „Sprachen-Zauberhut" nach:

www.sefa-bilingual.com/languages

© 2024 by Sefa Verlag Kirsten Bödeker, Lübeck, Germany

www.sefa-verlag.de

Special thanks for his IT support to our son, Paul Bödeker, Freiburg, Germany

All rights reserved. No part of this book may be reproduced without the written consent of the publisher

ISBN: 9783739906522

www.ingramcontent.com/pod-product-compliance
Lightning Source LLC
Chambersburg PA
CBHW041444120626
46547CB00002B/336